Impressum
Verlag: BABADADA GmbH, Nedderfeld 112 , 22529 Hamburg
Geschäftsführer / Verlagsleitung: Harald Hof
Druck: Books on Demand GmbH, In de Tarpen 42, 22848 Norderstedt

Imprint
Publisher: BABADADA GmbH, Nedderfeld 112 , 22529 Hamburg, Germany
Managing Director / Publishing direction: Harald Hof
Print: Books on Demand GmbH, In de Tarpen 42, 22848 Norderstedt

l'école
sekolahan

la salle de classe
kelas

diviser
para

86/2

le tableau noir
blabag kanggo nulis

la cour (de récréation)
latar sekolah

le professeur
guru

le papier
dluwang

écrire
nulis

le stylo
pen

le bureau
meja

la règle
garisan

le livre
buku

l'élève
murid

le cartable

tas sekolah

la trousse

tepak potlot

le crayon

potlot

le taille-crayon

orotan potlot

la gomme

setip

le carnet à dessin

lemek nggambar

le dessin

gambar

le pinceau

kuwas

la boîte de peinture

tepak cat nggambar

les ciseaux

gunting

la colle

lem

le cahier d'exercices

buku latihan soal

les devoirs

pakaryan omah

le chiffre

angka

additionner

tambah

soustraire

suda

multiplier

ping

calculer

itung

la lettre

aksara

l'alphabet

abjad

le mot

tembung

le texte

teks

lire

maca

la craie

kapur

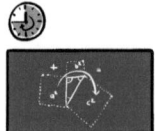

la leçon

wulangan

le livre de classe

dhaptar

l'examen

ujian

le certificat

sertipikat

l'uniforme scolaire

sragam sekolah

la formation

pendhidhikan

le lexique

ensiklopedia

l'université

universitas

le microscope

mikroskop

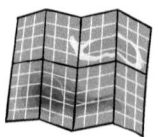

la carte

peta

la corbeille à papier

kranjang larahan

l'hôtel
hotel

Grand

l'auberge
hostel

ROOMS

bureau de change
kantor pertukaran duit mancanegara

ÉCHANGE

la valise
koper

la voiture
mobil

la langue
basa

oui / non
iya / ora

d'accord
oke

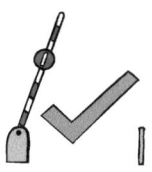

Salut
halo

l'interprète
juru basa

merci
matur nuwun

Combien coûte...?

Piro regane ...?

Je ne comprends pas

aku ora ngerti

le problème

masalah

Bonsoir !

Sugeng dalu!

Bonjour !

Sugeng enjang

Bonne nuit !

Sugeng dalu!

Au revoir

pareng

la direction

arah

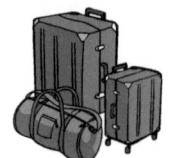

les bagages

koper

le sac

tas

le sac-à-dos

ransel

l'hôte

tamu

la pièce

kamar

le sac de couchage

kantong turu

la tente

tenda

l'office de tourisme
informasi turis

la plage
pantai

la carte de crédit
kertu kredit

le petit-déjeuner
sarapan

le déjeuner
mangan awan

le dîner
mangan ing wayah bengi

le billet
tiket

l'ascenseur
lift

le timbre
perangko

la frontière
watesan

la douane
cukai

l'ambassade
kedutaan

le visa
visa

le passeport
paspor

le transport

angkutan

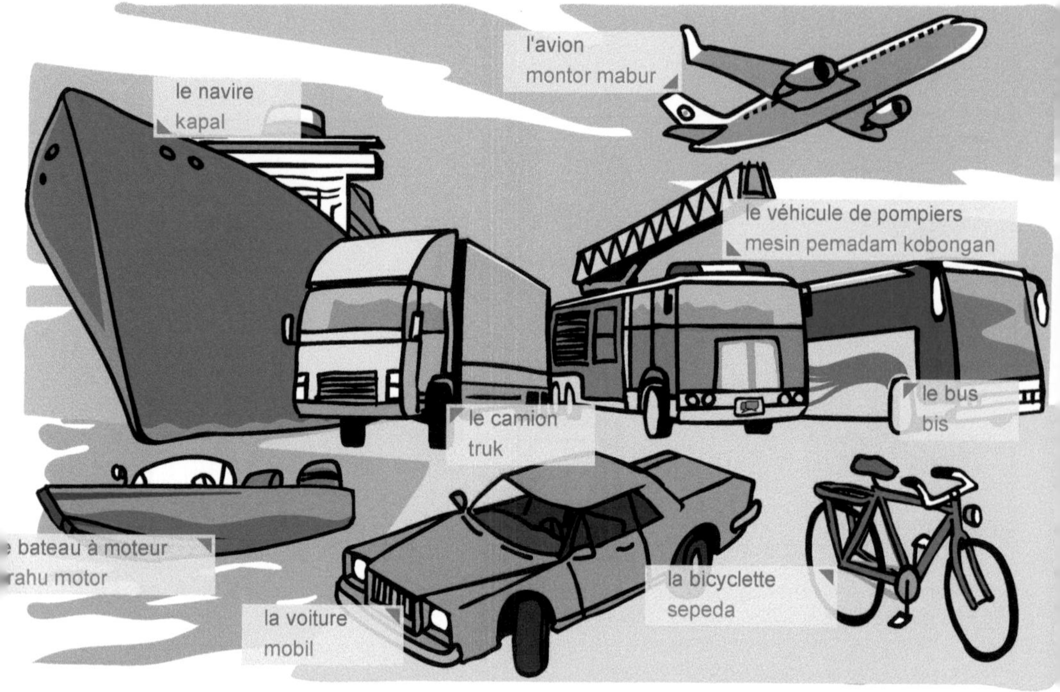
l'avion
montor mabur
le navire
kapal
le véhicule de pompiers
mesin pemadam kobongan
le bus
bis
le camion
truk
bateau à moteur
rahu motor
la bicyclette
sepeda
la voiture
mobil

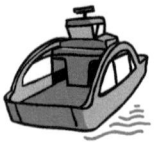

le ferry

feri

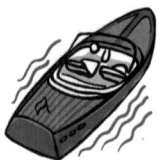

la barque

perahu

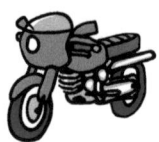

la moto

sepeda motor

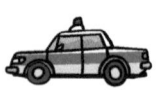

la voiture de police

mobil polisi

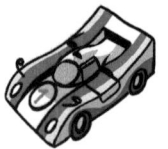

la voiture de course

mobil balapan

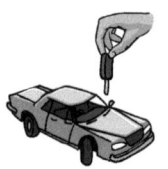

la voiture de location

mobil sewa

l'auto-partage

sewa mobil

la voiture de remorquage

truk derek

la benne à ordures

truk resek

le moteur

motor

l'essence

bensin

la station d'essence

pom bensin

le panneau indicateur

tanda dalan

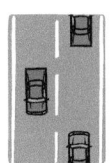

le trafic

lalu lintas

l'embouteillage

macet

le parking

parkir mobil

la gare

stasiun sepur

les rails

ril sepur

le train

sepur

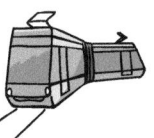

le tramway

tram

le wagon

grobak

l'hélicoptère

helikopter

l'aéroport

lapangan montor mabur

la tour

menara

le passager

penumpang

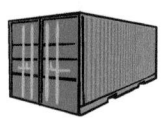

le conteneur

kontener

le carton

kerdhus

le chariot

troli

la corbeille

kranjang

décoller / atterrir

mabur / ndarat

la ville

kutha

le village

desa

le centre-ville

tengah kutha

la maison

omah

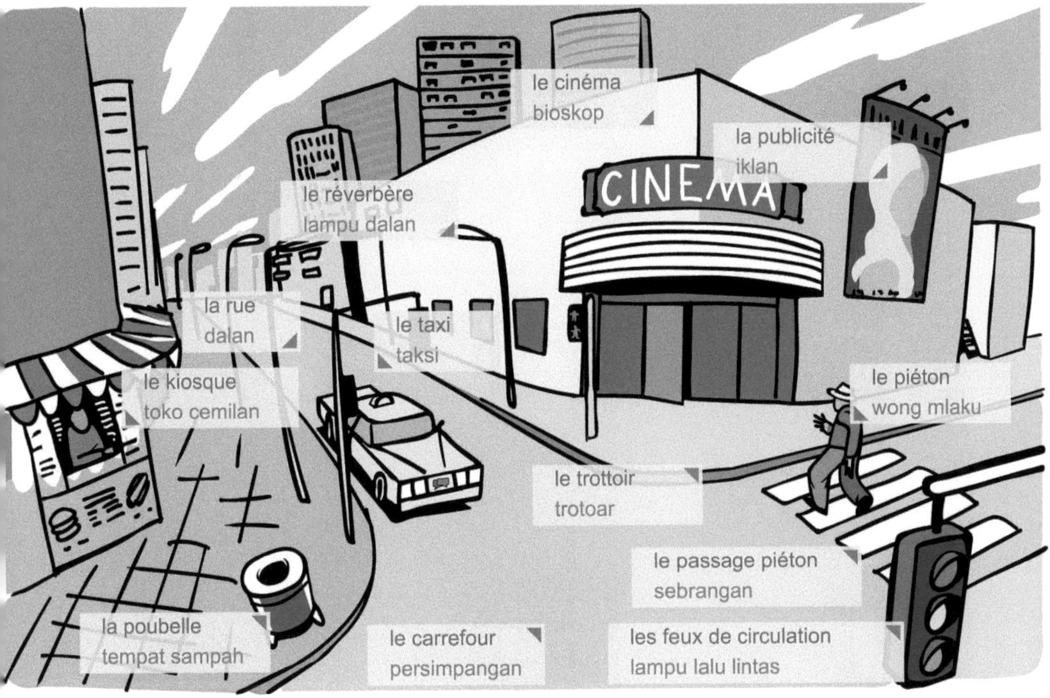

le cinéma
bioskop

la publicité
iklan

le réverbère
lampu dalan

la rue
dalan

le taxi
taksi

le kiosque
toko cemilan

CINEMA

le piéton
wong mlaku

le trottoir
trotoar

le passage piéton
sebrangan

la poubelle
tempat sampah

le carrefour
persimpangan

les feux de circulation
lampu lalu lintas

la cabane
....
gubuk

l'appartement
....
apartemen

la gare
....
stasiun sepur

la mairie
....
bale kutha

le musée
....
museum

l'école
....
sekolahan

la ville - kutha

l'université

universitas

la banque

bank

l'hôpital

griya sakit

l'hôtel

hotel

la pharmacie

apotek

le bureau

kantor

la librairie

toko buku

le magasin

toko

le fleuriste

toko kembang

le supermarché

supermarket

le marché

pasar

le grand magasin

toko sarwa ana

la poissonnerie

toko iwak

le centre commercial

mal

le port

pelabuhan

le parc

taman

la banque

bangku

le pont

tretek

les escaliers

andha

le métro

metro

le tunnel

trowongan

l'arrêt de bus

halte bis

le bar

bar

le restaurant

restoran

la boîte à lettres

kotak surat

le panneau indicateur

pratandha dalan

le parcmètre

meteran parkir

le zoo

kebon kewan

le réverbère

kolam renang

la mosquée

masjid

la ferme

kebon

la pollution

polusi

la cimetière

kuburan

l'église

greja

l'aire de jeux

panggon dolanan

le temple

candi

le paysage
lanskap

la feuille
godong

le panneau indicateur
plang

le chemin
dalan

le pré
beran

la pierre
watu

le randonneur
wong munggah

l'arbre
uwit

la rivière
kali

l'herbe
suket

la fleur
kembang

la vallée

lembah

la montagne

bukit

le lac

tlogo

la forêt

alas

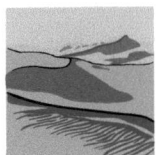

le désert

ara-ara

le volcan

gunung geni

le château

keraton

l'arc-en-ciel

kluwung

le champignon

jamur

le palmier

uwit palem

le moustique

lemut

la mouche

laler

les fourmis

semut

l'abeille

tawon

l'araignée

angga-angga

le coléoptère

kumbang

la grenouille

kodok

l'écureuil

bajing

le hérisson

landhak

le lièvre

truwelu

la chouette

manuk dares

l'oiseau

manut

le cygne

banyak

le sanglier

celeng

le cerf

kidang

l'élan

menjangan

le barrage

bendungan

l'éolienne

turbin angin

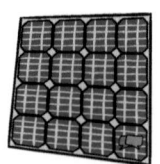

le panneau solaire

panel srengenge

le climat

iklim

le restaurant

restoran

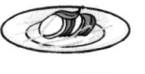

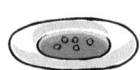

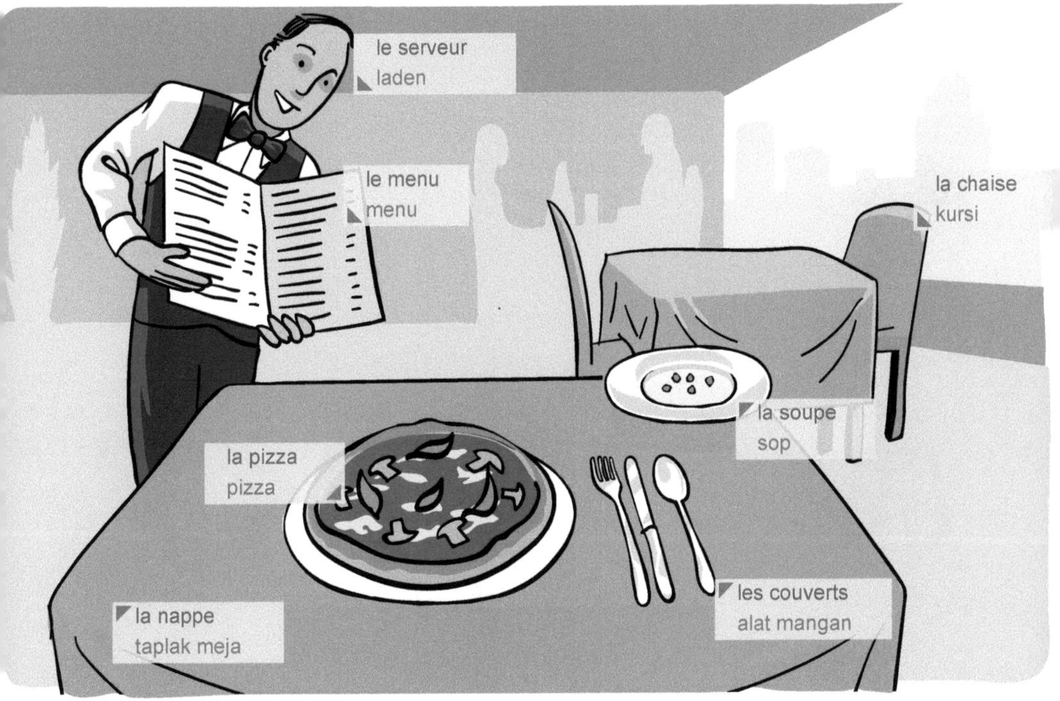
le serveur
laden
le menu
menu
la chaise
kursi
la soupe
sop
la pizza
pizza
les couverts
alat mangan
la nappe
taplak meja

les hors d'œuvre

hidangan pambuka

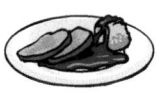

le plat principal

menu utama

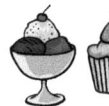

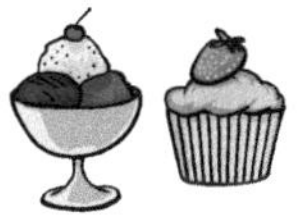

le dessert

hidangan penutup

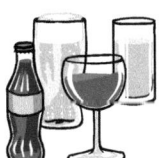

les boissons

ombenan

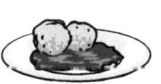

l'alimentation

panganan

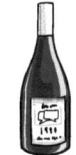

la bouteille

gendul

le fast-food

panganan instan

les plats à emporter

jajan cemilan

la théière

ceret teh

le sucrier

kaleng gula

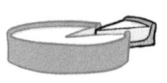

la portion

porsi

la machine à expresso

mesin espresso

la chaise haute

kursi duwur

la facture

tagihan

le plateau

baki

le couteau

lading

la fourchette

sendok garpu

la cuillère

sendok

la cuillère à thé

sendok teh

la serviette

serbet

le verre

gelas

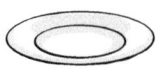

l'assiette

piring

l'assiette à soupe

piring sop

la soucoupe

lepek

la sauce

duduh

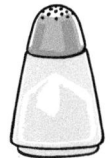

la salière

gendul uyah

le moulin à poivre

bubuk mrico

le vinaigre

cuka

l'huile

lenga

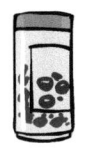

les épices

bumbon

le ketchup

saos tomat

la moutarde

mustar

la mayonnaise

mayones

le supermarché

supermarket

l'offre promotionnelle
tawaran khusus
FOR
le client
langganan
les produits laitiers
produk saka susu
les fruits
woh-wohan
le chariot
troli

BUTCHERS

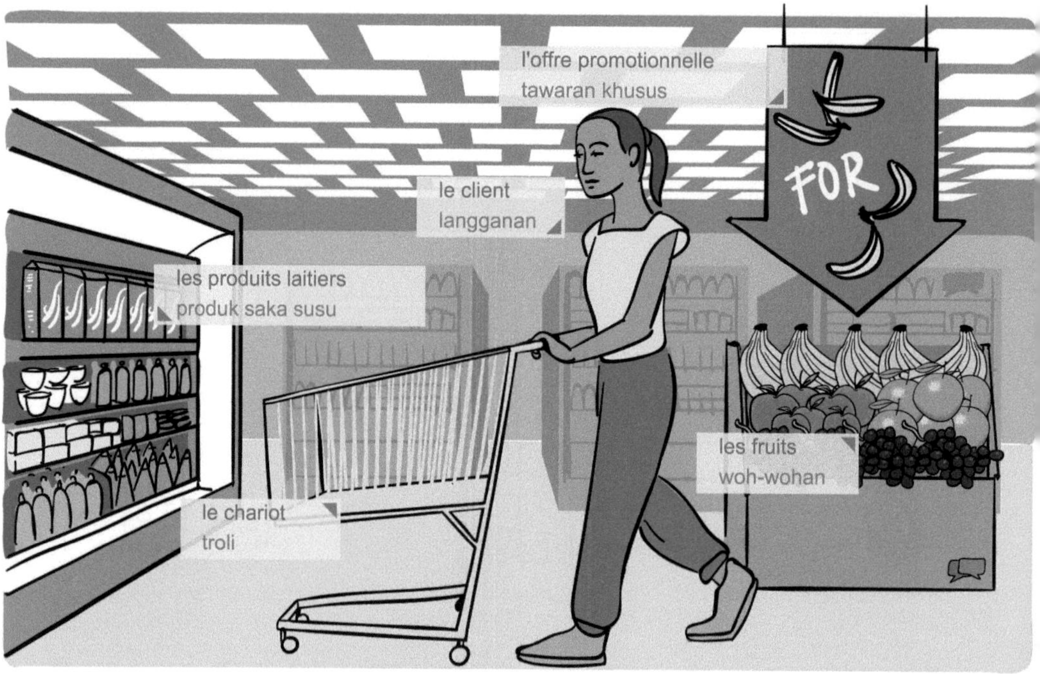

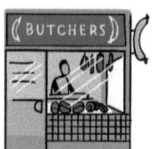

la boucherie

toko daging

BAKERY

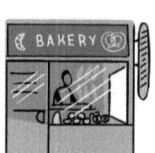

la boulangerie

toko roti

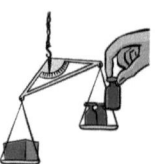

peser

nimbang

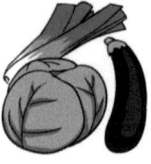

les légumes

janganan

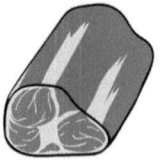

la viande

daging panggang

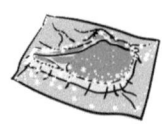

les aliments surgelés

panganan beku

la charcuterie

irisan daging

les conserves

panganan kaleng

la poudre à lessive

deterjen

les bonbons

permen

les articles ménagers

produk reresik omah

les détergents

produk reresik

la vendeuse

bakul

la caisse

mesin kasir

le caissier

kasir

la liste d'achats

daftar blanja

les heures d'ouverture

jam buka

le portefeuille

dompet

la carte de crédit

kertu kredit

le sac

tas

le sac en plastique

tas kresek

les boissons

ombenan

l'eau

banyu

le jus de fruit

jus

le lait

susu

le coca

ombenan kanthi karbon

le vin

anggur

la bière

bir

l'alcool

alkohol

le chocolat chaud

coklat

le thé

teh

le café

kopi

l'expresso

espresso

le cappuccino

cappuccino

la banane

gedhang

la pomme

apel

l'orange

jeruk

le melon

semangka

le citron.

jeruk lemon

la carotte

wortel

l'ail

bawang

le bambou

pring

l'oignon

bawang

le champignon

jamur

les noisettes

kacang

les pâtes

bakmi

les spaghetti

spageti

le riz

sego

la salade

salad

les pommes frites

kentang goreng

les pommes de terre rôties

kentang goreng

la pizza

pizza

le hamburger

hamburger

le sandwich

roti isi

l'escalope

daging irisan

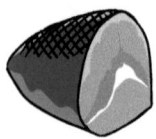

le jambon

daging ham

le salami

salami

la saucisse

sosis

le poulet

pitik

le rôti

daging panggang

le poisson

iwak

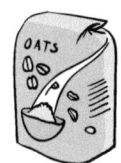

les flocons d'avoine

bubur gandum

le muesli

muesli

les cornflakes

sereal jagung

la farine

glepung

le croissant

croissant

les petits-pains

roti

le pain

roti

le pain grillé

roti panggang

les biscuits

biskuit

le beurre

mertega

le fromage blanc

dadih

le gâteau

kue

l'œuf

endog

l'œuf au plat

endog goreng

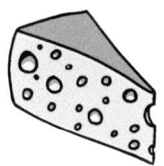

le fromage

keju

la glace

es krim

le sucre

gula

le miel

madu

la confiture

sele

la crème nougat

krim nugat

le curry

kare

la ferme
kebon

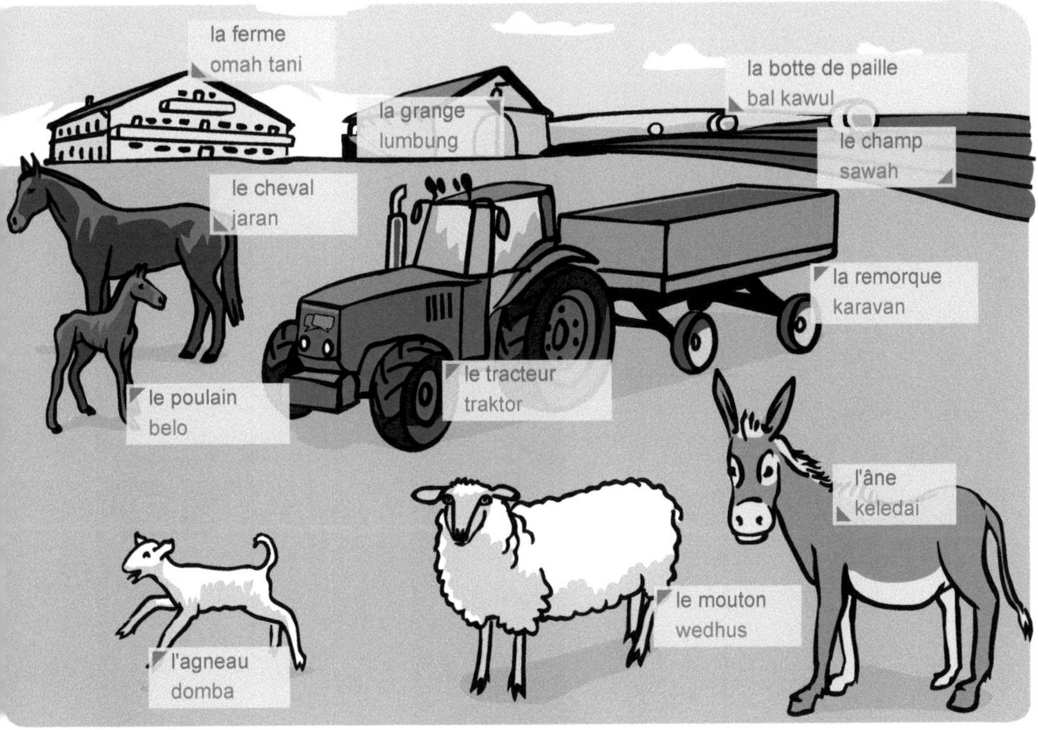

la ferme
omah tani
la botte de paille
bal kawul
la grange
lumbung
le champ
sawah
le cheval
jaran
la remorque
karavan
le tracteur
traktor
le poulain
belo
l'âne
keledai
le mouton
wedhus
l'agneau
domba

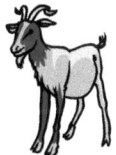

la chèvre
wedhus

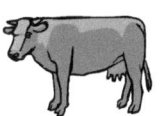

la vache
sapi

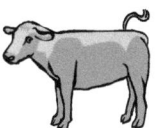

le veau
pedhet

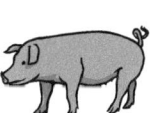

le porc
babi

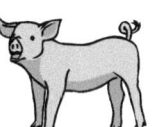

le porcelet
gambluk

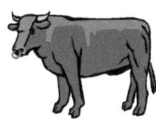

le taureau
kebo

l'oie

banyak

le canard

bebek

le poussin

kuthuk

la poule

babon

le coq

jago

le rat

tikus

le chat

kucing

la souris

tikus

le bœuf

sapi

le chien

asu

le chenil

kandang asu

le tuyau de jardin

selang

l'arrosoir

gembor

la faucheuse

arit gede

la charrue

waluku

la faucille

arit gede

la pioche

pacul

la fourche

garu

la hache

kapak

la brouette

grobak surung

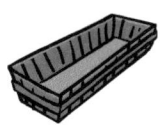

la cuve

wadah pakan

le pot à lait

kaleng susu

le sac

karung

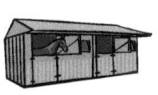

la clôture

pager

l'étable

kandang

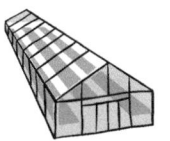

le serre

omah kaca

le sol

lemah

les semences

wiji

l'engrais

rabuk

la moissonneuse-batteuse

traktor panen

récolter
manen

la récolte
panen

l'igname
ubi

le blé
gandum

le soja
kedelai

la pomme de terre
kentang

le maïs
jagung

le colza
lobak

l'arbre fruitier
wit woh-wohan

le manioc
telo

les céréales
sereal

la maison
omah

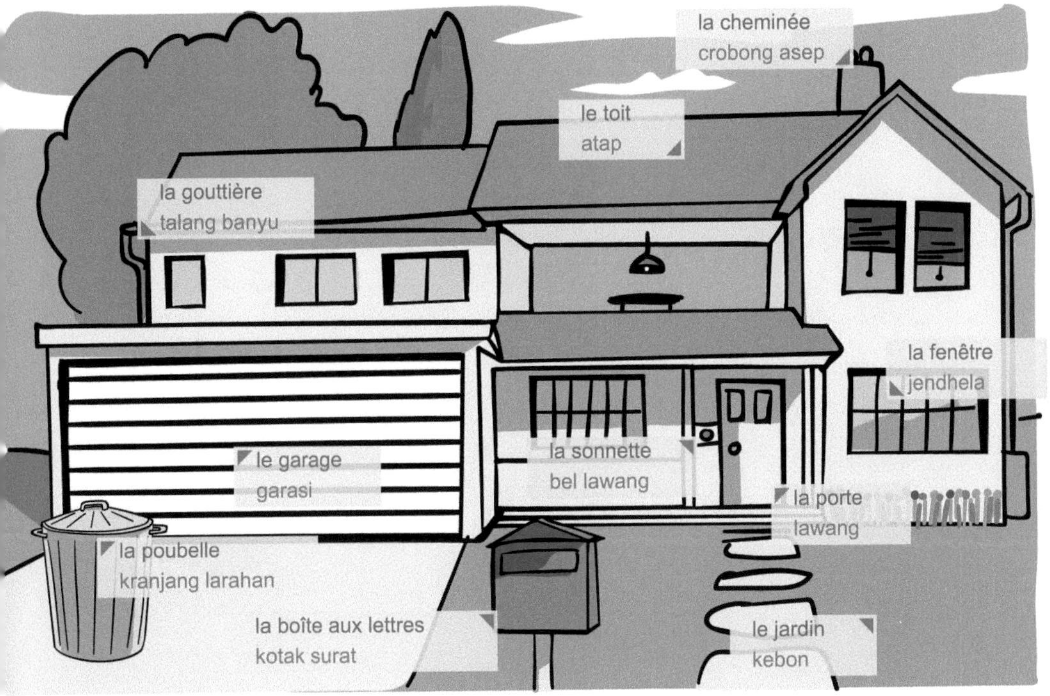

la cheminée
crobong asep
le toit
atap
la gouttière
talang banyu
la fenêtre
jendhela
la sonnette
bel lawang
le garage
garasi
la porte
lawang
la poubelle
kranjang larahan
la boîte aux lettres
kotak surat
le jardin
kebon

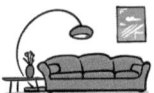

le salon

ruang tamu

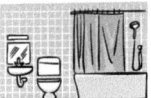

la salle de bain

jedhing

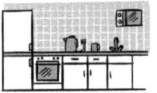

la cuisine

pawon

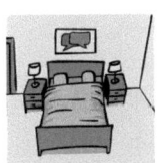

la chambre à coucher

kamar turu

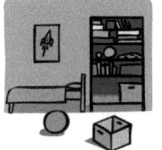

la chambre d'enfant

kamar anak

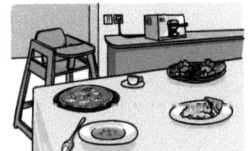

la salle à manger

kamar panedhaan

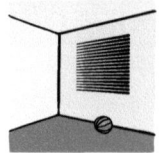

le sol

jobin

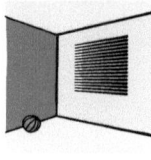

le mur

tembok

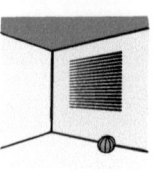

le plafond

pyan

la cave

gudhang ing njero lemah

le sauna

sauna

le balcon

balkon

la terrasse

teras

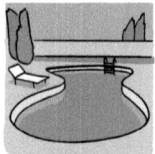

la piscine

blumbang kanggo nglangi

la tondeuse à gazon

mesin kanggo motong suket

la housse

lembaran

la couette

sprei

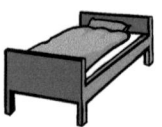

le lit

dipan

le balai

sapu

le sceau

ember

l'interrupteur

tombol

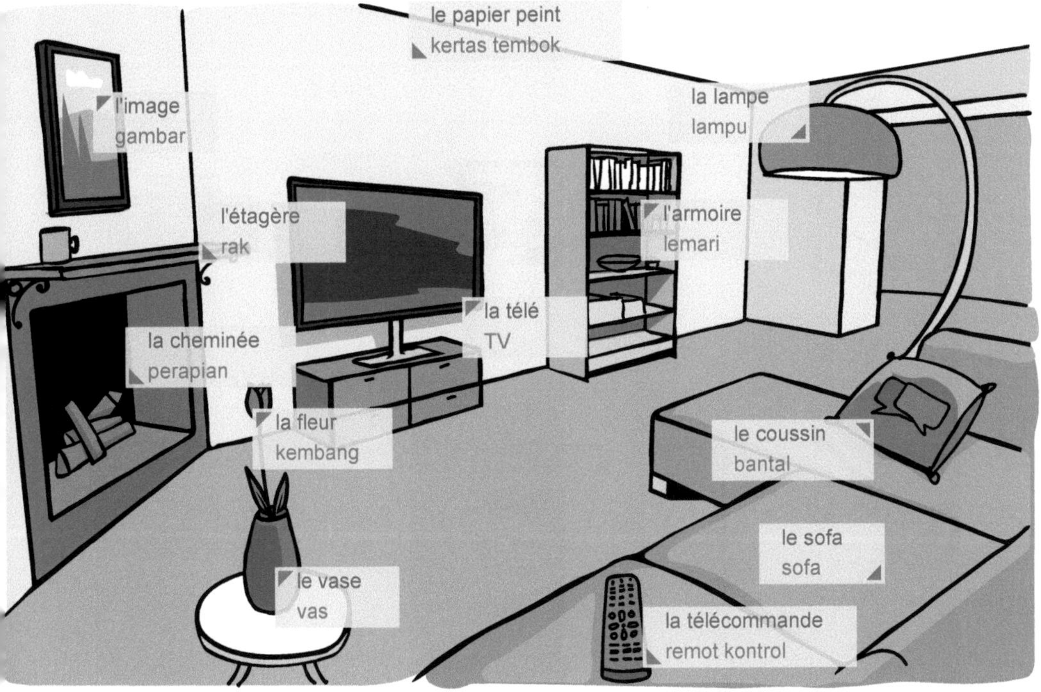

le papier peint
kertas tembok

l'image
gambar

la lampe
lampu

l'étagère
rak

l'armoire
lemari

la télé
TV

la cheminée
perapian

la fleur
kembang

le coussin
bantal

le sofa
sofa

le vase
vas

la télécommande
remot kontrol

le tapis
karpet

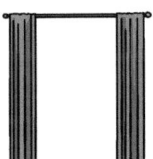

le rideau
korden

la table
meja

la chaise
kursi

la chaise à bascule
kursi goyang

le fauteuil
kursi tangan

le livre

buku

la couverture

selimut

la décoration

dekorasi

le bois de chauffage

kayu bakar

le film

film

la chaîne hi-fi

hi-fi

la clé

kunci

le journal

koran

la peinture

lukisan

le poster

poster

la radio

radio

le bloc-notes

buku catetan

l'aspirateur

penyedot lebut

le cactus

kaktus

la bougie

lilin

la cuisine
pawon

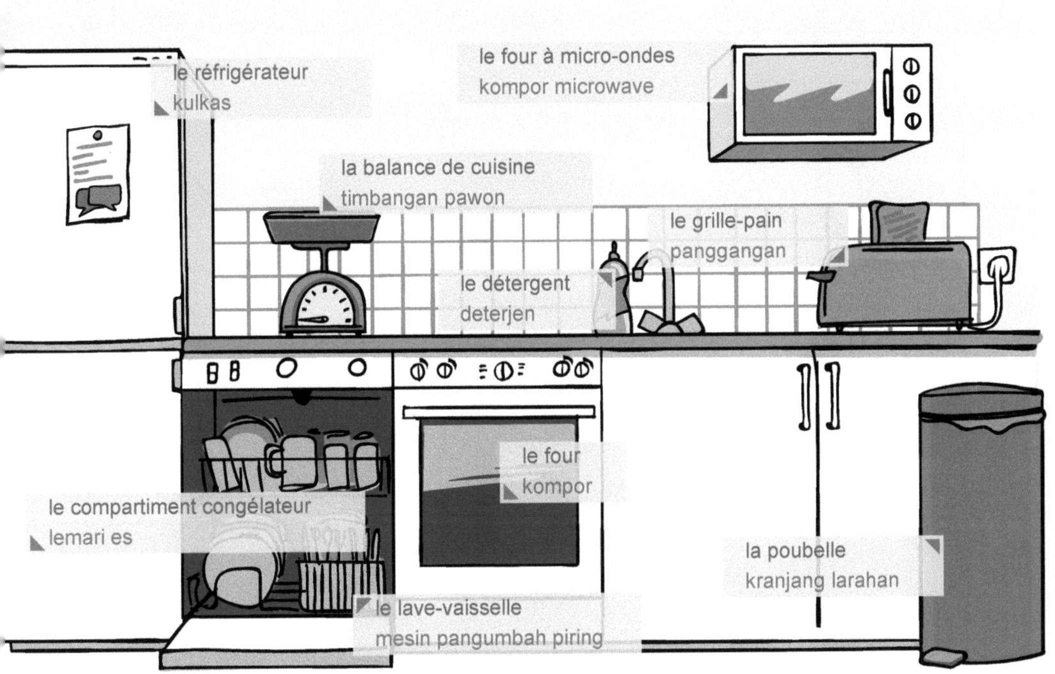

le réfrigérateur
kulkas
le four à micro-ondes
kompor microwave
la balance de cuisine
timbangan pawon
le grille-pain
panggangan
le détergent
deterjen
le four
kompor
le compartiment congélateur
lemari es
la poubelle
kranjang larahan
le lave-vaisselle
mesin pangumbah piring

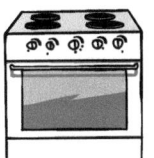

le four

kompor

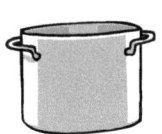

la casserole

panci

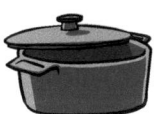

la marmite

panci wesi

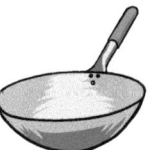

le wok / kadai

wajan

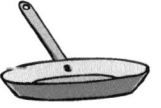

la poêle

wajan

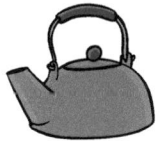

la bouilloire electrique

ceret

le cuiseur vapeur

kukusan

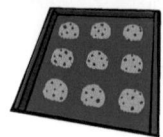

la plaque de cuisson

loyang

la vaisselle

pecah belah

le gobelet

mug

la coupe

mangkok

les baguettes

sumpit

la louche

irus

la spatule

solet

le fouet

udeg

la passoire

ayakan

le tamis

saringan

la râpe

parutan

le mortier

lumpang

le barbecue

panggangan

la cheminée

geni

la planche à découper

telenan

le rouleau à pâtisserie

gilingan adonan

le tire-bouchon

kotrek

la boîte

kaleng

l'ouvre-boîte

bukaan kaleng

les maniques

cempal

le lavabo

wastafel

la brosse

sikat

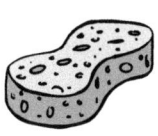

l'éponge

sepon

le mixeur

blender

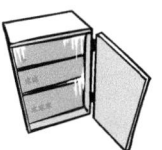

le congélateur

kulkas

le biberon

gendul bayi

le robinet

kran

la cuisine - pawon

la salle de bain

jedhing

le chauffage
alat manasi
la douche
pancuran
la serviette
andhuk
le rideau de douche
klambu jedhing
le bain moussant
adhus unthuk
la baignoire
bak adhus
le verre
gelas
la machine à laver
mesin ngumbah
le robinet
kran
le carrelage
tekel
le pot
pispot
le lavabo
wastafel

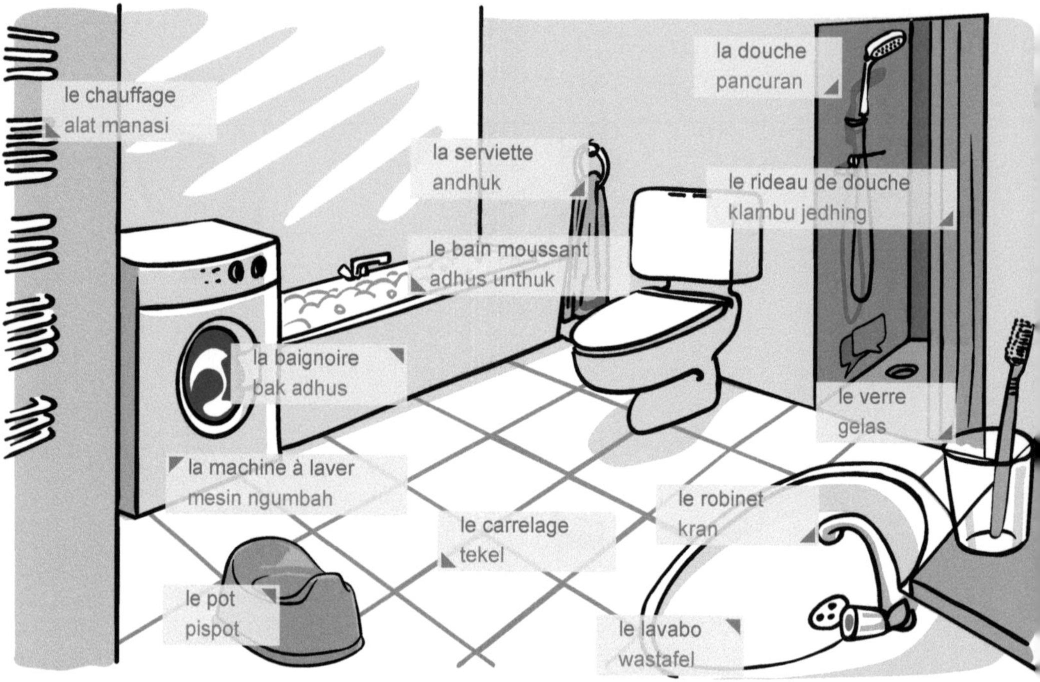

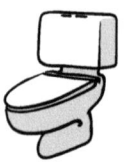

les toilettes

jamban

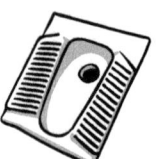

la toilette à la turque

jamban dhodhok

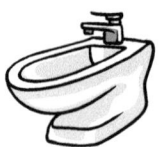

le bidet

bidet

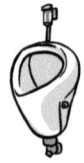

l'urinoir

pissoir

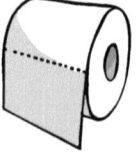

le papier toilette

tisu jamban

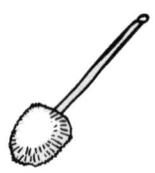

la brosse à toilette

sikat jamban

la brosse à dents

sikat untu

le dentifrice

odol

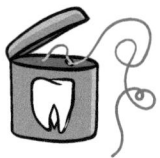

le fil dentaire

bolah untu

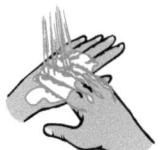

laver

ngumbahi

la douche manuelle

gagang shower

la douche intime

pancuran

la vasque

baskom

la brosse dorsale

sikat geger

le savon

sabun

le gel douche

gel pancuran

le shampooing

sampo

le gant de toilette

hem

l'écoulement

nguras

la crème

krim

le déodorant

deodoran

le miroir

pangilon

le miroir cosmétique

koco tangan

le rasoir

silet

la mousse à raser

umpluk cukur

l'après-rasage

aftershave

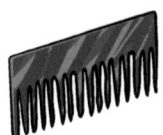

la peigne

jungkat

la brosse

sikat untu

le sèche-cheveux

hairdryer

la laque pour cheveux

hairspray

le fond de teint

dandanan

le rouge à lèvres

gincu

le vernis à ongles

kuteks

l'ouate

kapas

le coupe-ongles

gunting kuku

le parfum

parfum

la trousse de toilette

kantong adhus

le tabouret

dingklik

le pèse-personne

timbangan

le peignoir

jubah kanggo sawise adhus

les gants de nettoyage

sarung karet

le tampon

tampon

les serviettes hygiéniques

pembalut

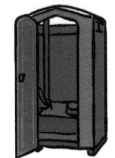

la toilette chimique

jamban nganggo bahan kimia

la chambre d'enfant

kamar anak

le réveil
alarm jam
le doudou
dolanan empuk
la voiture jouet
mobil-mobilan
le hochet
kumretek
la maison de poupée
omah boneka
le cadeau
hadiah

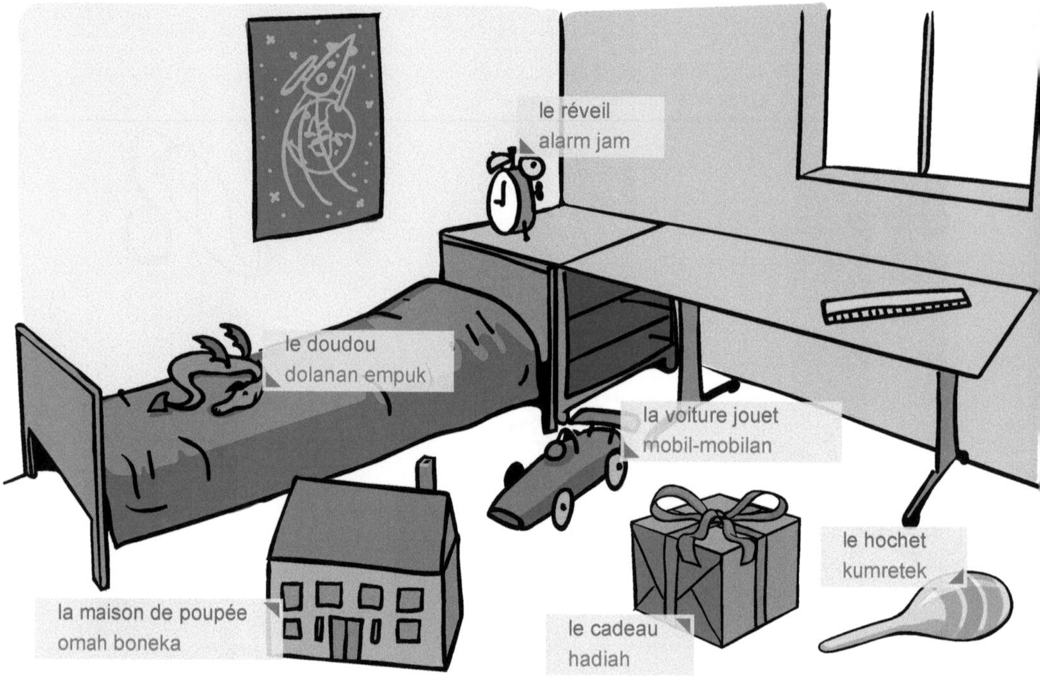

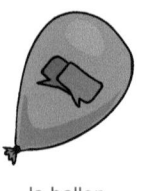

le ballon

balon

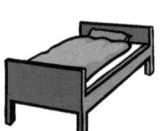

le lit

dipan

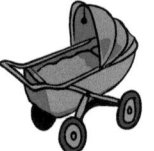

la poussette

kreto bayi

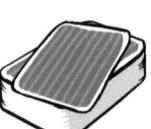

le jeu de cartes

meja kertu

le puzzle

teka-teki

SUPER MEGA

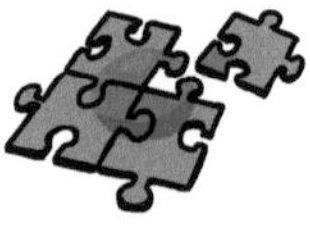

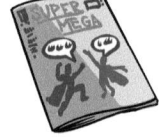

la bande dessinée

komik

les pièces lego

bata lego

les blocs de construction

balok dolanan

la figurine

boneka aksi

la grenouillère

klambi bayi

le frisbee

frisbee

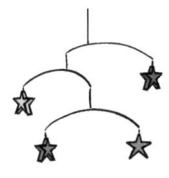

le mobile

dolanan gantungan

le jeu de société

dolanan meja

le dé

dadu

le train miniature

sepur dolanan

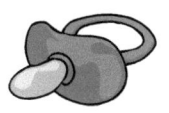

la sucette

dot

la fête

pesta

le livre d'images

buku gambar

la balle

bal

la poupée

boneka

jouer

dolanan

le bac à sable

panggon dolanan pasir

la balançoire

ayunan

les jouets

dolanan

la console de jeu

konsol video game

le tricycle

sepeda roda telu

l'ours en peluche

beruang teddy

l'armoire

lemari sandhangan

les vêtements

klambi

les chaussettes

kaos kaki

les bas

stoking

le collant

kathok singset

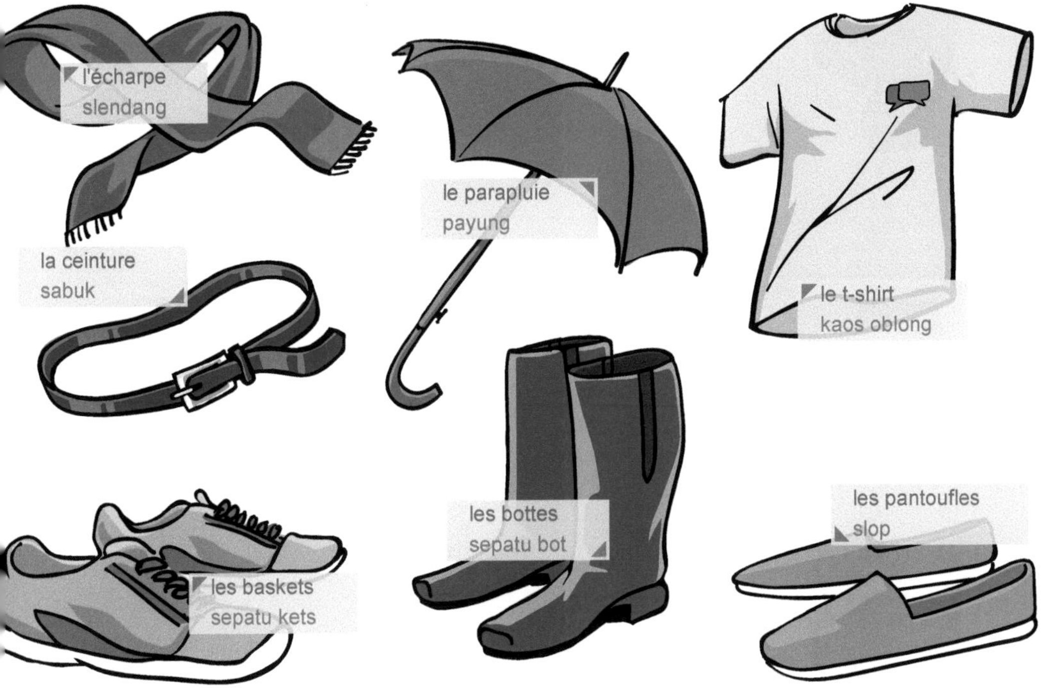

l'écharpe
slendang

le parapluie
payung

le t-shirt
kaos oblong

la ceinture
sabuk

les bottes
sepatu bot

les pantoufles
slop

les baskets
sepatu kets

les sandales
....
sandal

les chaussures
....
sepatu

les bottes de caoutchouc
....
sepatu bot karet

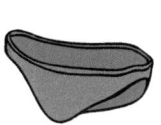

les sous-vêtements
....
sempak

le soutien-gorge
....
kutang

le maillot de corps
....
rompi

le body

awak

le pantalon

kathok

le jean

kathok jins

la jupe

rok

le chemisier

blus

la chemise

klambi

le pull

jaket nganggo kudung

le sweat à capuche

sweter

la veste

blezer

la veste

jaket

le manteau

mantel

l'imperméable

jas udan

le costume

kostum

la robe

gaun

la robe de mariée

gaun manten

le costume

setelan

la chemise de nuit

klambi kanggo turu

le pyjama

piyama

le sari

kain sari

le foulard

kudung

le turban

serban

la burqa

cadar

le caftan

kaftan

l'abaya

abaya

le maillot de bain

klambi kanggo nglangi

le maillot de bain

kathok renang

le short

kathok cekak

la tenue d'entraînement

klambi trening

le tablier

celemek

les gants

sarung tangan

les vêtements - klambi

le bouton
benik

les lunettes
kacamata

le bracelet
gelang

le collier
kalung

la bague
ali-ali

la boucle d'oreille
anting-anting

le bonnet
peci

le cintre
gantungan mantel

le chapeau
topi

la cravate
dasi

la fermeture éclair
slerekan

le casque
helem

les bretelles
bretel

l'uniforme scolaire
sragam sekolah

l'uniforme
sragam

le bavoir
oto

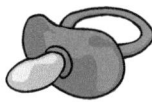

la sucette
dot

la lange
popok

le serveur
server

l'armoire d'archivage
lemari arsip

l'imprimante
printer

l'écran
monitor

le papier
dluwang

la souris
mouse

le bureau
meja

le classeur
folder

le clavier
papan tombol

la corbeille à papier
kranjang larahan

l'ordinateur
komputer

la chaise
kursi

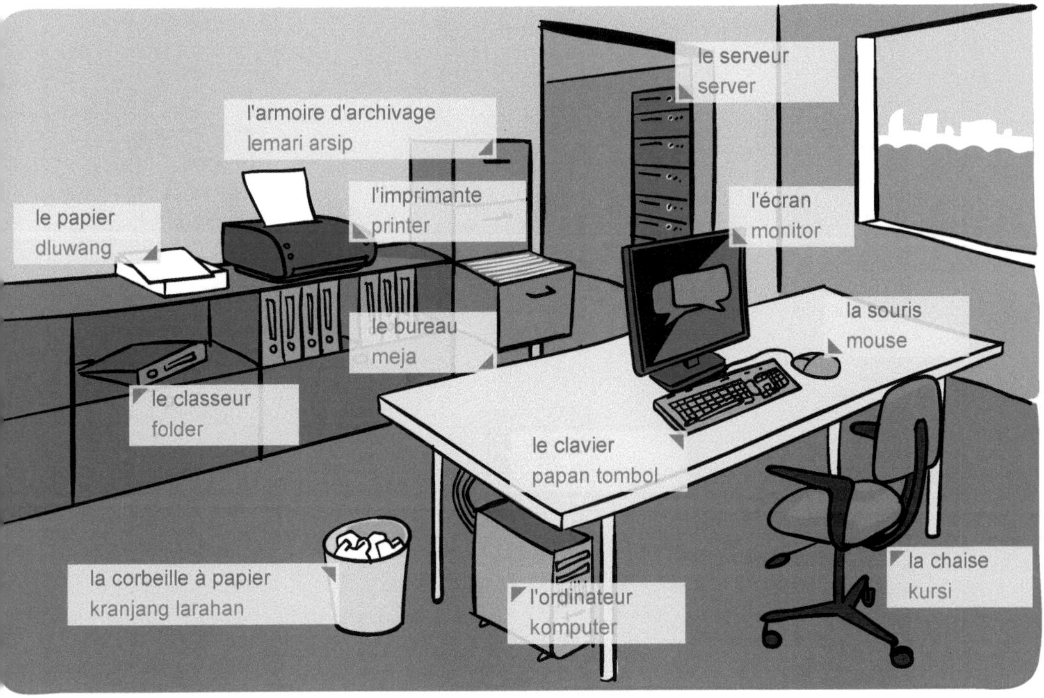

la tasse de café
cangkir kopi

la calculatrice
kalkulator

l'internet
internet

le bureau - kantor

49

l'ordinateur portable
laptop

la lettre
surat

le message
pesen

le portable
HP

le réseau
jaringan

la photocopieuse
mesin fotokopi

le logiciel
software

le téléphone
telpon

la prise
colokan

le fax
mesin faksimili

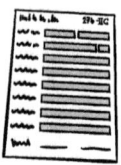

le formulaire
blangko

le document
dokumen

acheter

tuku

payer

mbayar

faire du commerce

bebakulan

la monnaie

duit

le dollar

dolar

l'euro

euro

le yen

yen

le rouble

rubel

le franc suisse

franc Swiss

le renminbi yuan

yuan renminbi

la roupie

rupe

le distributeur automatique

cash point

le bureau de change

kantor pertukaran duit mancanegara

l'or

emas

l'argent

perak

le pétrole

minyak

l'énergie

energi

le prix

rego

le contrat

kontrak

la taxe

pajek

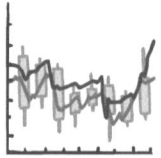

l'action

saham

travailler

kerjo

l'employé

pegawe

l'employeur

juragan

l'usine

pabrik

le magasin

toko

les professions
gawean

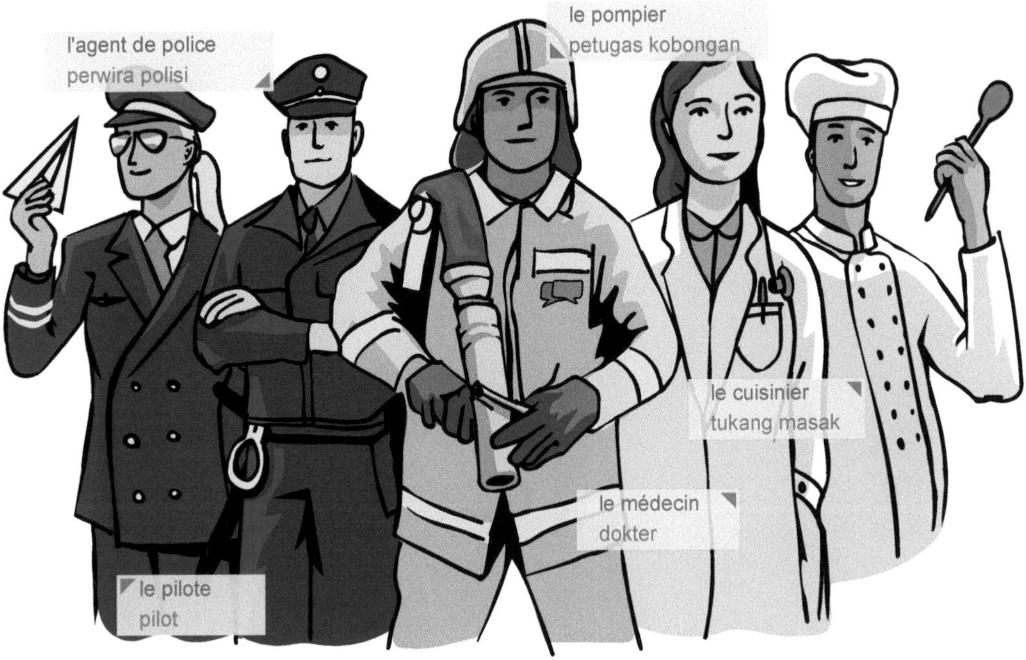
l'agent de police
perwira polisi
le pompier
petugas kobongan
le cuisinier
tukang masak
le médecin
dokter
le pilote
pilot

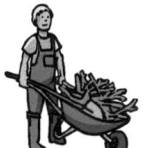

le jardinier

tukang kebon

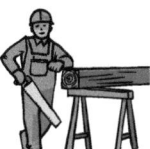

le menuisier

tukang kayu

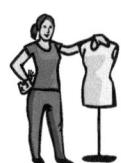

la couturière

tukang jahit

le juge

hakim

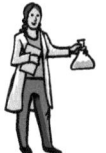

le chimiste

ahli kimia

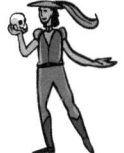

l'acteur

aktor

le conducteur de bus

sopir bis

le chauffeur de taxi

sopir taksi

le pêcheur

nelayan

la femme de ménage

tukang reresik

le couvreur

tukang pasang gendheng

le serveur

laden

le chasseur

pamburu

le peintre

pelukis

le boulanger

tukang roti

l'électricien

tukang listrik

l'ouvrier

tukang mbangun

l'ingénieur

insinyur

le boucher

jagal

le plombier

tukang ledeng

le facteur

tukang pos

le soldat

tentara

l'architecte

arsitek

le caissier

kasir

le fleuriste

bakul kembang

le coiffeur

juru rambut

le contrôleur

kondektur

le mécanicien

mekanik

le capitaine

kapten

le dentiste

dokter untu

le scientifique

ilmuwan

le rabbin

rabbi

l'imam

imam

le moine

biksu

le prêtre

pandhita

les outils
alat

les pinces
tang
le marteau
palu
le tournevis
obeng
la clé
kunci Inggris
la torche
senter

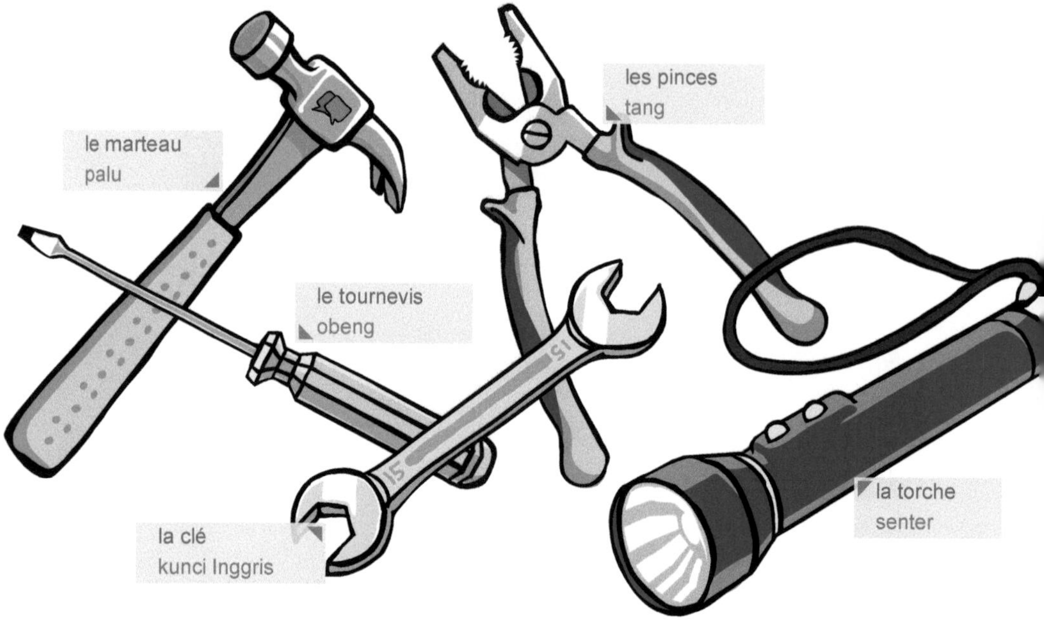

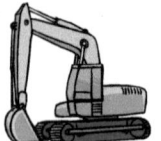

la pelleteuse

mesin kerukan

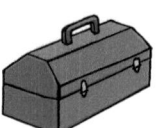

la boîte à outils

wadah perkakas

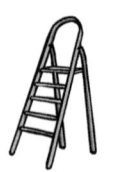

l'échelle

andha

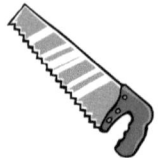

la scie

graji

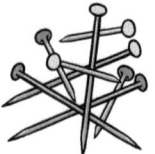

les clous

paku

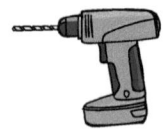

la perceuse

bur

réparer

ndandani

la pelle

sekop

Mince !

Bajigur!

la pelle

serok

le pot de peinture

kaleng cat

les vis

sekrup

les instruments de musique
alat musik

le haut-parleurs
speker

la batterie
sak set tambur

la contrebasse
bass dobel

la trompette
trompet

la guitare
gitar

le piano

piano

le violon

biola

la basse

bass

les timbales

timpani

le tambour

tambur

le piano électrique

keyboard

le saxophone

saksofon

la flûte

suling

le microphone

mikropon

l'entrée
lawang mlebu

le tigre
macan tutul

la cage
kandang

le zèbre
sebra

l'alimentation animale
pakanan kewan

le panda
panda

les animaux

kewan

l'éléphant

gajah

le kangourou

kanguru

le rhinocéros

badak

le gorille

gorila

l'ours

beruang

le chameau

unta

l'autruche

manuk unta

le lion

singa

le singe

kethek

le flamand rose

flamingo

le perroquet

bethet

l'ours polaire

beruang kutub

le pingouin

pinguin

le requin

hiu

le paon

merak

le serpent

ula

le crocodile

baya

le gardien de zoo

juru kunci kebon kewan

le phoque

singa segara

le jaguar

jaguar

le poney

jaran poni

le léopard

macan tutul

l'hippopotame

kuda nil

la girafe

jrapah

l'aigle

garudha

le sanglier

celeng

le poisson

iwak

la tortue

bulus

le morse

walrus

le renard

rubah

la gazelle

kidang

l'american Football
bal-balan Amerika

le cyclisme
sepedahan

le tennis
tenis

le basket-ball
basket

la natation
nglangi

la boxe
tinju

le hockey sur glace
hoki es

le football
bal-balan

le badminton
badminton

l'athlétisme
atletik

le handball
bal tangan

le ski
ski

le polo
polo

les activités
kegiatan

sauter
mencolot
embrasser
ngrangkul
rire
ngguyu
marcher
mlaku
chanter
nembang
rêver
ngimpi
prier
ndonga
faire la bise
ngambung

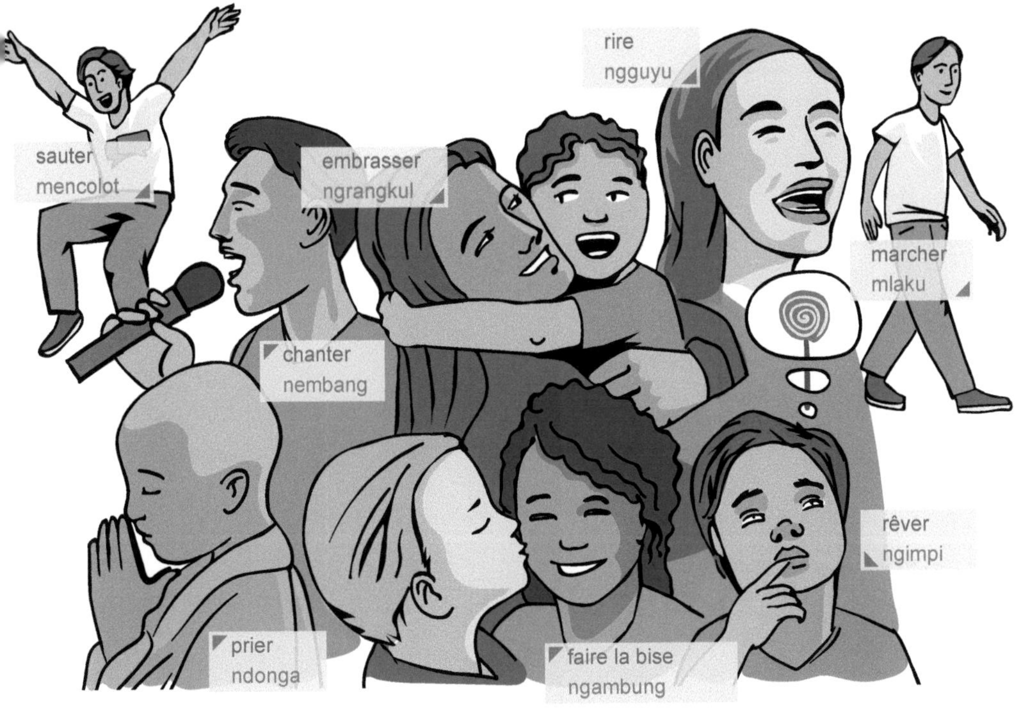

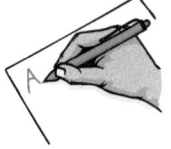

écrire

nulis

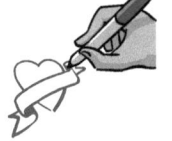

dessiner

nggambar

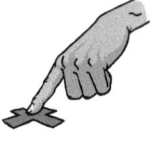

montrer

nuduhake

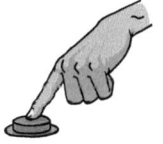

pousser

mencet

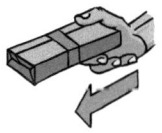

donner

menehi

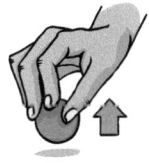

prendre

njupuk

avoir
duweni

faire
nindakake

être
yaiku

être debout
ngadek

courir
mlayu

trier
narik

jeter
nguncalake

tomber
tiba

être couché
ngapusi

attendre
ngenteni

porter
nggawa

être assis
lungguh

s'habiller
klamben

dormir
turu

se réveiller
tangi

regarder
ndheleng

pleurer
nangis

caresser
ngelus

peigner
njungkati

parler
ngomong

comprendre
mangerteni

demander
takon

écouter
ngrungoake

boire
ngombe

manger
mangan

ranger
ngrapiake

aimer
nrisnani

cuire
masak

conduire
nyopir

voler
mabur

faire de la voile

nglayar

calculer

itung

lire

maca

apprendre

sinau

travailler

kerjo

se marier

ngrabi

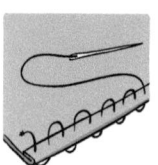

coudre

njahit

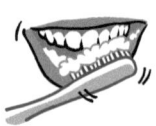

brosser les dents

nyikat untu

tuer

mateni

fumer

ngrokok

envoyer

ngirim

la grand-mère
mbah putri

le grand-père
mbah kakung

le père
bapak

la mère
ibu

le bébé
bayi

la fille
anak wedok

le fils
anak lanang

l'hôte

tamu

la tante

bu lik

l'oncle

pak lik

le frère

dulur lanang

la sœur

dulur wadon

le corps

awak

le front
bathuk
l'œil
mripat
l'épaule
pundhak
le doigt
driji
le visage
pasuryan
le menton
janggut
la main
tangan
la poitrine
payudara
la jambe
sikil
le bras
lengen

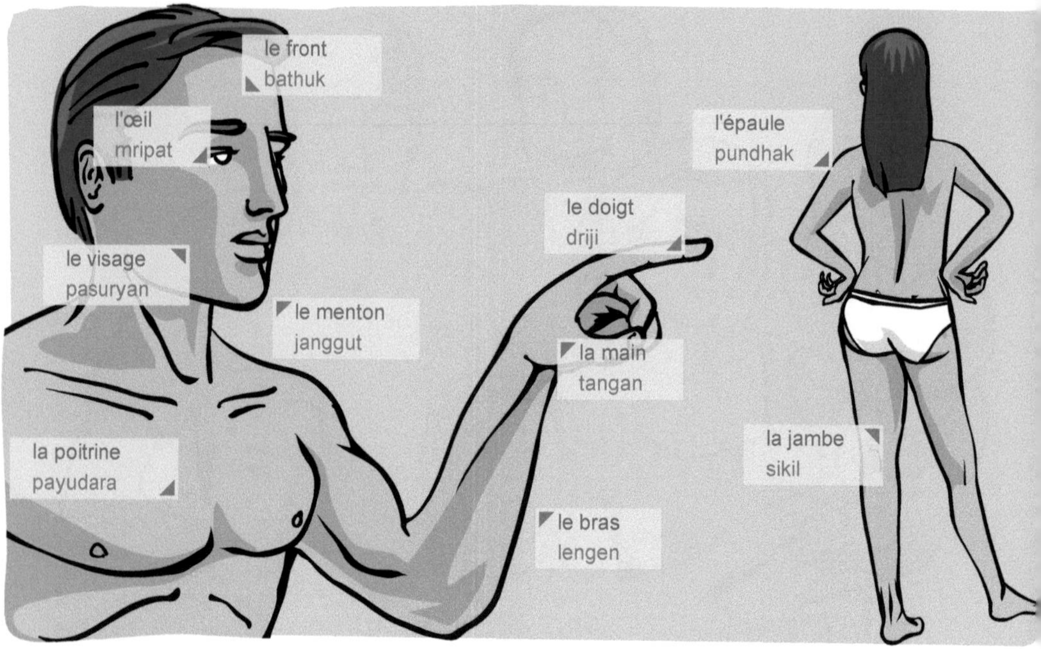

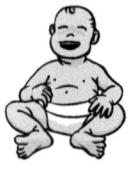

le bébé

bayi

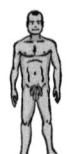

l'homme

lanang

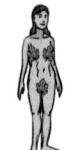

la femme

wadon

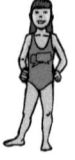

la fille

bocah wadon

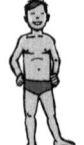

le garçon

bocah lanang

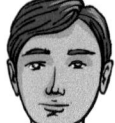

la tête

sirah

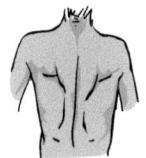

le dos

geger

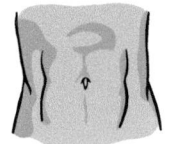

le ventre

weteng

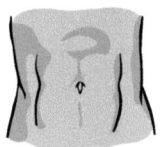

le nombril

puser

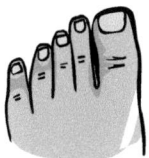

l'orteil

driji sikil

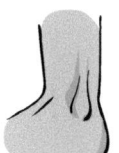

le talon

tungkak

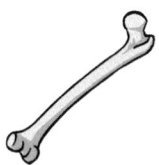

l'os

balung

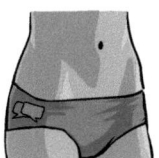

la hanche

panggul

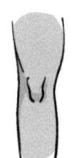

le genou

dengkul

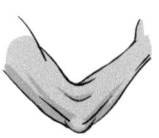

le coude

sikut

le nez

irung

les fesses

bokong

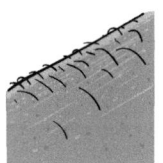

la peau

kulit

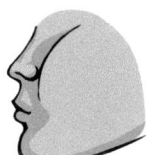

la joue

pipi

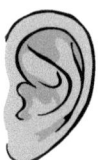

l'oreille

kuping

la lèvre

lambe

la bouche

lisan

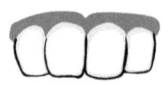

la dent

untu

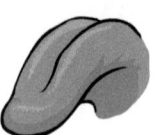

la langue

ilat

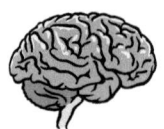

le cerveau

uteg

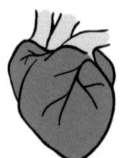

le cœur

jantung

le muscle

otot

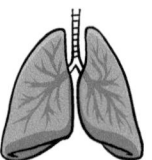

les poumons

paru

le foie

ati

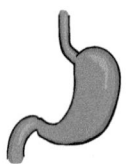

l'estomac

garba

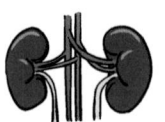

les reins

ginjel

le rapport sexuel

sanggama

le préservatif

kondom

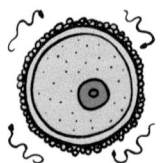

l'ovule

ovum

le sperme

mani

la grossesse

mbobot

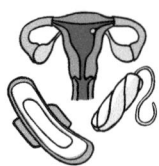

la menstruation
....
haid

le vagin
....
vagina

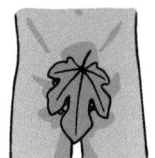

le pénis
....
zakar

le sourcil
....
alis

les cheveux
....
rambut

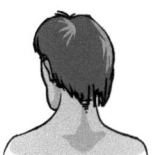

le cou
....
gulu

l'hôpital
griya sakit

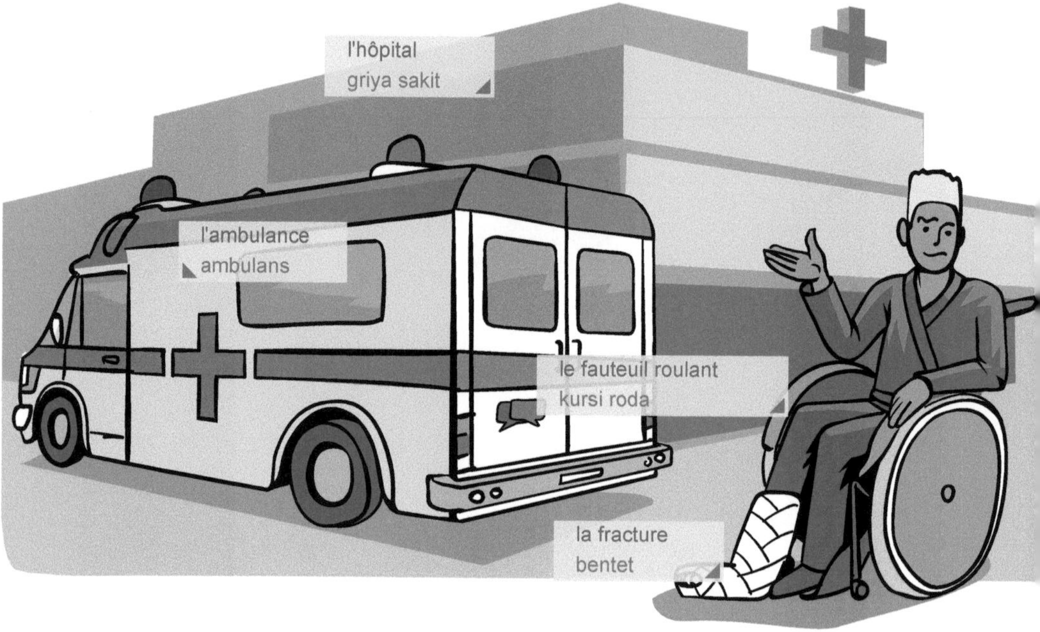

l'hôpital
griya sakit
l'ambulance
ambulans
le fauteuil roulant
kursi roda
la fracture
bentet

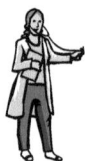

le médecin

dokter

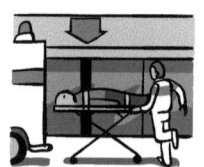

le service des urgences

kamar gawat darurat

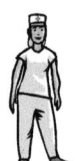

l'infirmière

perawat

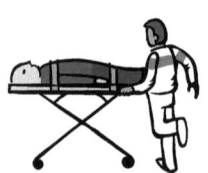

l'urgence

dharurat

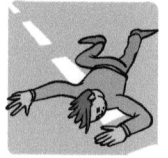

inconscient

ora sadar

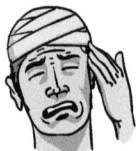

la douleur

linu

la blessure

tatu

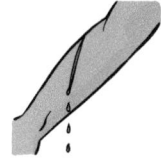

l'hémorragie

getihen

la crise cardiaque

serangan jantung

l'attaque cérébrale

setruk

l'allergie

alergi

la toux

watuk

la fièvre

ngelu

la grippe

pilek

la diarrhée

diare

le mal de tête

mumet

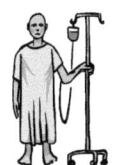

le cancer

kanker

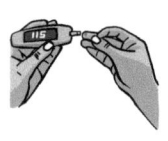

le diabète

diabetes

le chirurgien

ahli bedah

le scalpel

lading bedah

l'opération

operasi

le CT

CT

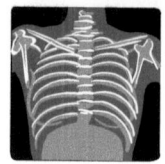

la radiographie

sinar x

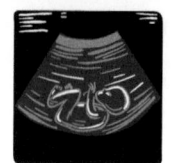

l'échographie

USG

le masque

masker

la maladie

penyakit

la salle d'attente

kamar nunggu

la béquille

pitulung

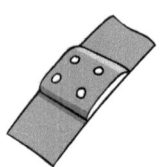

le pansement

perban

le pansement

perban

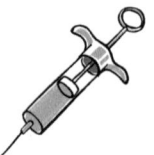

l'injection

suntik

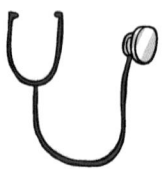

le stéthoscope

stetoskop

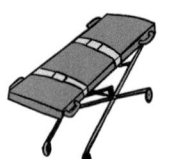

le brancard

tandu

le thermomètre

termometer klinik

l'accouchement

lair

la surcharge pondérale

kalemon

l'appareil auditif

alat bantu dengar

le désinfectant

disinfektan

l'infection

infeksi

le virus

virus

le VIH / le sida

HIV/AIDS

le médicament

obat

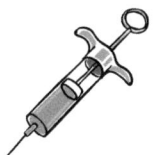

la vaccination

vaksinasi

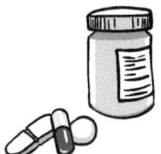

les comprimés

tablet

la pilule

pil

l'appel d'urgence

nomer telpon darurat

le tensiomètre

ngukur tensi getih

malade / sain

lara / waras

Au secours !

Tulung!

l'alarme

alarem

l'assaut

sergap

l'attaque

serangan

le danger

bebaya

la sortie de secours

lawang metu dharurat

Au feu!

Kobongan!

l'extincteur

alat mateni geni

l'accident

kacilakan

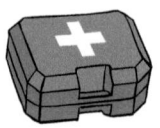

la trousse de premier
secours

pitulungan wiwitan

SOS

SOS

la police

polisi

l'Europe

Eropa

l'Amérique du Nord

Amerika Lor

l'Amérique du Sud

Amerika Kidul

l'Afrique

Afrika

l'Asie

Asia

l'Australie

Australia

l'Océan atlantique

Atlantik

l'Océan pacifique

Pasifik

l'Océan indien

Samudra Hindia

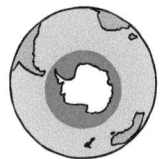

l'Océan antarctique

Samudra Antartika

l'Océan arctique

Samudra Arktik

le Pôle nord

Kutub Lor

le Pôle sud

Kutup Kidul

l'Antarctique

Antarktika

la terre

bumi

le pays

daratan

la mer

segara

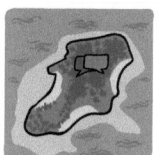

l'île

pulau

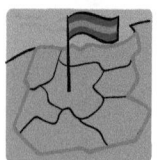

la nation

bangsa

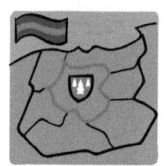

l'état

negara

le cadran

layar jam

l'aiguille des heures

dom jam

l'aiguille des minutes

dom menit

l'aiguille des secondes

dom detik

Quelle heure est-il ?

Jam piro saiki?

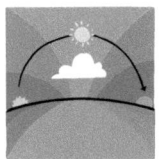

le jour

dina

le temps

wektu

maintenant

saiki

la montre digitale

jam digital

la minute

menit

l'heure

jam

la semaine

minggu

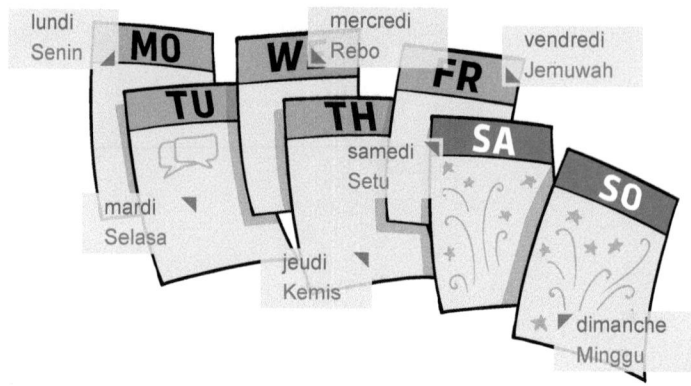

lundi
Senin

mercredi
Rebo

vendredi
Jemuwah

mardi
Selasa

samedi
Setu

jeudi
Kemis

dimanche
Minggu

hier

wingi

aujourd'hui

saiki

demain

sesuk

le matin

esuk

le midi

awan

le soir

bengi

les jours ouvrables

dina kerja

le week-end

akhir minggu

l'année
tahun

la pluie
udan es
l'arc-en-ciel
kluwung
le vent
angin
la neige
salju
le printemps
musim semi
l'automne
mangsa gugur
l'été
musim ketigo
l'hiver
mangsa adem

4.APRIL 11°
5.APRIL 4°
6.APRIL 13°
7.APRIL 8°
8.APRIL 10°

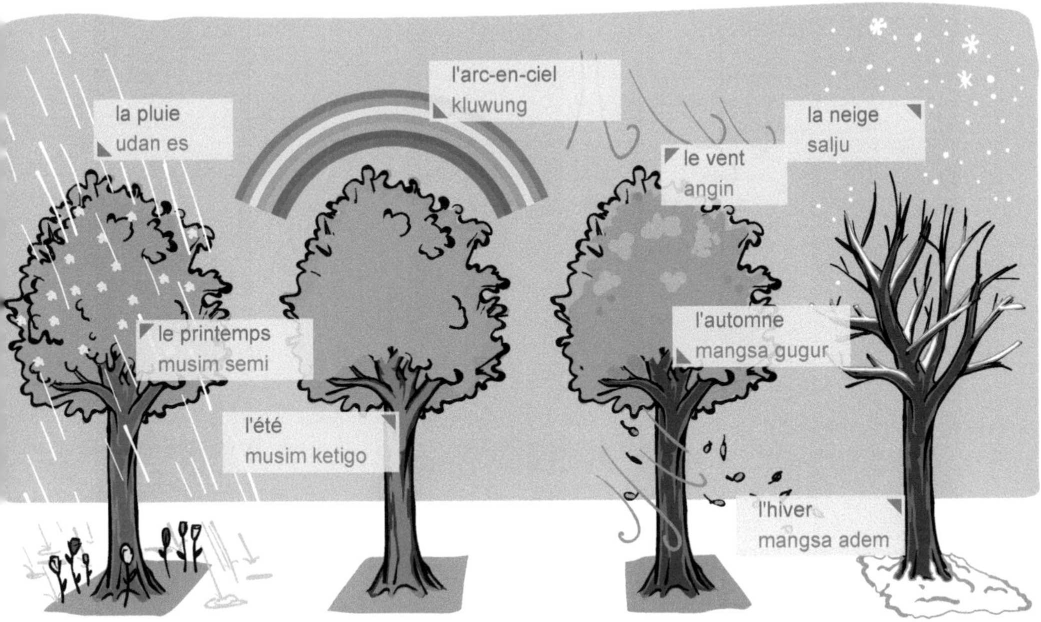

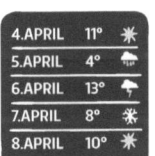

la météo

ramalan cuaca

F C
120 40
90 30
60 20
30 10
0 0
-30 -10
-20

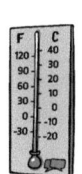

le thermomètre

termometer

la lumière du soleil

srengenge

le nuage

mendhung

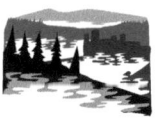

le brouillard

kabut

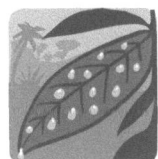

l'humidité

kelembapan

la foudre

kilat

la tonnerre

bledheg

la tempête

badai

la grêle

udan es

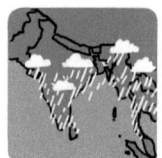

la mousson

muson

l'inondation

banjir

la glace

es

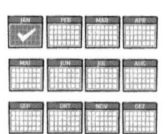

janvier

Januari

février

Februari

mars

Maret

avril

April

mai

Mei

juin

Juni

juillet

Juli

août

Agustus

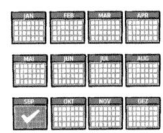

septembre

September

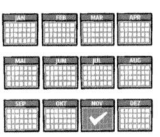

octobre

Oktober

novembre

Nopember

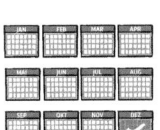

décembre

Desember

les formes

wangun

le cercle

bunder

le carré

kuadrat

le rectangle

segi papat

le triangle

segi telu

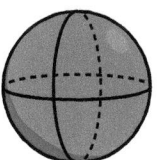

la sphère

bal

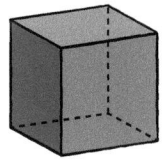

le cube

kubus

blanc

putih

jaune

kuning

orange

oranye

rose

jambon

rouge

abang

violet

ungu

bleu

biru

vert

ijo

marron

coklat

gris

abu-abu

noir

ireng

beaucoup / peu

akeh / sithik

fâché / calme

nesu / kalem

joli / laid

ayu / elek

le début / la fin

pawitan / pungkasan

grand / petit

gede / cilik

clair / obscure

padhang / peteng

frère / soeur

sedulur lanang / sedulur
wadon

propre / sale

resik / reged

complet / incomplet

pepak / ora pepak

le jour / la nuit

awan / bengi

mort / vivant

mati / urip

large / étroit

jembar / sempit

comestible / incomestible

iso dipangan / ora iso dipangan

méchant / gentil

ala / becik

excité / ennuyé

seneng / bosen

gros / mince

lemu / kuru

le premier / le dernier

pisanan / pungkasan

l'ami / l'ennemi

kanca / musuh

plein / vide

kebak / kosong

dur / souple

atos / empuk

lourd / léger

abot / enteng

faim / soif

luwe / wareg

malade / sain

lara / waras

illégal / légal

illegal / legal

intelligent / stupide

pinter / bodo

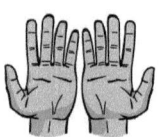

gauche / droite

kiwa / tengen

proche / loin

cedhak / adoh

nouveau / usé

anyar / lawas

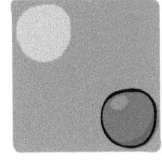

rien / quelque chose

ora ana / ana

vieux / jeune

tuwa / enom

marche / arrêt

urip / mati

ouvert / fermé

buka / tutup

faible / fort

anteng / rame

riche / pauvre

sugeh / mlarat

correct / incorrect

bener / salah

rugueux / lisse

kasar / alus

triste / heureux

susah / seneng

court / long

cendhak / dawa

lent / rapide

alon / banter

mouillé / sec

teles / garing

chaud / froid

anget / adem

la guerre / la paix

perang / tentrem

les oppositions - kontras

0

zéro
nol

1

un / une
siji

2

deux
loro

3

trois
telu

4

quatre
papat

5

cinq
limo

6

six
enem

7

sept
pitu

8

huit
wolu

9

neuf
songo

10

dix
sepuluh

11

onze
sewelas

12

douze

rolas

13

treize

telulas

14

quatorze

patbelas

15

quinze

limolas

16

seize

nembelas

17

dix-sept

pitulas

18

dix-huit

wolulas

19

dix-neuf

songolas

20

vingt

rong puluh

100

cent

satus

1.000

mille

sewu

1.000.000

le million

sak yuto

les nombres - angka

l'anglais

basa Inggris

l'anglais américain

basa Inggris Amerika

le chinois mandarin

basa Cina Mandarin

le hindi

basa Hindi

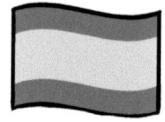

l'espagnol

basa Spanyol

le français

basa Prancis

l'arabe

basa Arab

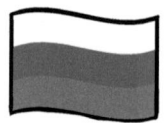

le russe

basa Rusia

le portugais

basa Portugis

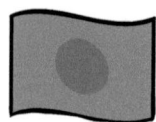

le bengali

basa Bengali

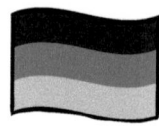

l'allemand

basa Jerman

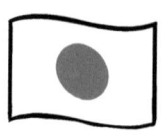

le japonais

basa Jepang

je
aku

tu
kowe

il / elle / ce, c', cela
dheweke

nous
kita

vous
kowe kabeh

ils / elles
dheweke kabeh

Qui ?
sapa?

Quoi ?
apa?

Comment ?
piye?

Où ?
neng endi?

Quand ?
kapan?

le nom
jeneng

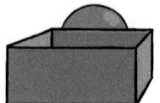

derrière

mburi

dans

ing jero

devant

ing ngarep

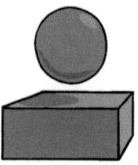

au-dessus

ing dhuwure

sur

ing

en-dessous

ing ngisore

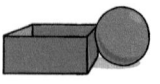

à côté de

sisih

entre

antarane

le lieu

panggonan